Recruter

La boite à outils complète pour attirer et
fidéliser les meilleurs profils

Lucas Brunier

SOMMAIRE

Clause de non-responsabilité

« Les insectes ne s'attaquent qu'aux lumières qui brillent »

Le présent texte est une Clause de non-responsabilité s'appliquant à l'intégralité de ce livre. Le lecteur est informé que l'ensemble du contenu de ce livre est fourni à titre non contractuel et strictement destiné à des fins purement informatives.

L'auteur de ce livre ne fournit aucune déclaration, aucun engagement ni aucune garantie d'aucune nature, implicite ou explicite, quant à l'exactitude, la véracité, la fiabilité, l'applicabilité, l'adéquation ou l'exhaustivité des informations présentes dans ce livre. Le contenu de ce livre est susceptible d'avoir été produit et ou traduit à l'aide de mécanismes automatisés. En aucun cas, l'auteur de ce livre ne saurait être tenu responsable de la présence d'imperfections, d'erreurs, d'omissions, ou de l'inexactitude du contenu proposé dans ce livre.

Aucune utilisation des informations présentes dans ce livre, de quelque manière que ce soit, ne saurait ouvrir droit à un quelconque dédommagement ou compensation quel qu'en soit sa nature.

L'auteur de ce livre ne saurait en aucun cas être tenu responsable, d'aucune manière, de tout dommage ou préjudice, de quelque nature que ce soit, direct ou indirect, lié ou non à la négligence, pouvant entre autres, découler de l'utilisation de quelque manière que ce soit des informations contenues dans ce livre, et ce, que l'auteur soit ou non avisé de la possibilité de tels dommages.

Le lecteur demeure, en toutes circonstances, le seul et l'unique responsable de l'utilisation et de l'interprétation des informations figurant dans le présent livre et des conséquences qui pourraient en découler.

Toute utilisation du contenu de ce livre de quelque manière que ce soit s'effectue aux risques et périls du lecteur uniquement et n'engage, en aucun cas, aucune responsabilité d'aucune sorte de l'auteur de ce livre.

Si le lecteur ne comprend pas un mot ou une phrase de la présente Clause de non-responsabilité, ou qu'il n'en accepte pas en partie ou pleinement les termes, il doit obligatoirement renoncer à toute utilisation de ce livre et s'engage à le supprimer ou le détruire sans délai.

INTRODUCTION

Dans le paysage commercial extrêmement concurrentiel d'aujourd'hui, la clé d'un succès sans précédent réside non seulement dans les produits innovants et les technologies de pointe, mais également dans les personnes qui font avancer ces efforts - vos employés. Dans la poursuite de l'excellence, un facteur crucial se démarque des autres : attirer, sélectionner et retenir les meilleurs talents.

Ce livre est un guide complet qui vous emmène dans un voyage transformateur à travers le monde complexe de l'acquisition de talents. Que vous soyez un professionnel des ressources humaines cherchant à réorganiser vos stratégies de recrutement ou un dirigeant organisationnel désireux d'élever les capacités de votre équipe, ce livre vous fournira les outils, les idées et les techniques nécessaires pour sélectionner les personnes les plus exceptionnelles pour votre organisation.

Chapitre par chapitre, nous approfondirons les éléments essentiels pour créer une marque employeur irrésistible, identifier les bons bassins de talents et créer des descriptions de poste efficaces qui attirent les meilleurs candidats. Nous explorerons le pouvoir de la marque employeur et découvrirons comment tirer parti des médias sociaux, des sites Web de carrière et des témoignages d'employés pour créer une marque employeur qui résonne avec les meilleurs talents et distingue votre organisation sur un marché encombré.

Mais attirer les meilleurs talents n'est que le début. Notre voyage passera ensuite à l'art d'engager les candidats et de maîtriser le processus d'entretien pour identifier les meilleurs candidats pour votre équipe. Nous découvrirons les secrets de la création d'offres convaincantes qui captivent les candidats de vos rêves, tout en garantissant un processus d'intégration transparent pour les préparer au succès dès le premier jour.

Reconnaissant que l'acquisition des meilleurs talents n'est que la première étape, nous explorerons des stratégies pour retenir et nourrir ces personnes précieuses, comprenant que leur croissance et leur développement sont essentiels à la fois à leur satisfaction et au triomphe continu de votre organisation.

De plus, nous nous pencherons sur le pouvoir des références d'employés et la perspective d'accueillir à nouveau d'anciens employés, offrant des informations sur la création d'un réseau de défenseurs de la marque qui peuvent amplifier la portée et l'impact de votre marque employeur.

Dans un monde de plus en plus façonné par la technologie, nous ne pouvons ignorer le rôle qu'elle joue dans le recrutement. Notre parcours nous fera découvrir les derniers outils d'acquisition de talents, l'analyse de données et les entretiens mobiles et vidéo, le tout dans le but d'optimiser votre processus de recrutement et votre prise de décision.

Enfin, nous nous pencherons sur l'avenir du recrutement et les tendances émergentes qui définiront le paysage des talents dans les années à venir. Alors que nous naviguons dans les complexités de la main-d'œuvre distante et des changements rapides sur les marchés du travail, nous vous fournirons les connaissances nécessaires pour pérenniser votre stratégie de recrutement, en vous assurant de garder une longueur d'avance dans la course pour attirer les meilleurs talents.

Tout au long de ce livre, nous nous appuierons sur des exemples concrets, des histoires de réussite et des conseils pratiques pour illustrer les concepts et techniques abordés. Notre mission est de vous donner les moyens de transformer vos efforts d'acquisition de talents, d'élever votre organisation vers de nouveaux sommets et de tracer la voie vers un succès durable dans la quête du recrutement des meilleurs employés.

Alors, rejoignez-nous dans cette aventure alors que nous nous embarquons pour découvrir les secrets de Top Talent Takedown - où l'excellence, l'innovation et le succès convergent à l'intersection des personnes et des possibilités. Commençons sur votre chemin vers la maîtrise de l'art de recruter les meilleurs employés !

Chapitre 1 : La chasse aux talents commence

a. Comprendre l'importance de recruter les meilleurs talents

Dans l'environnement commercial hyper-concurrentiel d'aujourd'hui, les organisations font face à une pression croissante pour trouver et retenir les meilleurs talents. L'importance de recruter les meilleurs talents ne peut être surestimée, car elle a un impact direct sur la capacité d'une entreprise à atteindre ses objectifs stratégiques, à maintenir un avantage concurrentiel et à favoriser une culture d'innovation et d'excellence. Le succès d'une entreprise dépend des compétences, de l'expertise et du dévouement de sa main-d'œuvre, ce qui fait du recrutement des meilleurs talents un élément essentiel de sa durabilité et de sa croissance à long terme.

Recruter les meilleurs talents apporte une multitude d'avantages à une organisation. Les employés hautement performants contribuent de manière significative à l'amélioration de la productivité et de l'efficacité globales. Ils possèdent l'expertise et l'expérience nécessaires pour relever des défis complexes, trouver des solutions innovantes et fournir des résultats supérieurs, permettant ainsi à l'organisation d'atteindre ses objectifs avec plus de rapidité et d'efficacité. Prenons l'exemple d'une entreprise technologique cherchant à développer des produits logiciels de pointe. En recrutant les meilleurs ingénieurs et développeurs de logiciels, la société acquiert un avantage concurrentiel sur le marché, car leur compétence et leur créativité conduisent au développement de produits de qualité supérieure qui attirent plus de clients et génèrent des revenus plus élevés.

De plus, les meilleurs talents agissent souvent comme un catalyseur de changement positif au sein d'une organisation. Leur solide éthique de travail, leur professionnalisme et leur détermination inspirent les autres employés à élever leurs niveaux de performance, créant ainsi une culture d'amélioration continue et d'excellence. Ces personnes très performantes servent de modèles à leurs pairs, motivant les autres à viser l'excellence et favorisant un environnement de travail où des normes élevées sont la norme. En conséquence, le moral global de l'organisation et l'engagement des employés s'améliorent, entraînant des niveaux plus élevés de satisfaction au travail et des taux de roulement réduits.

L'impact du recrutement des meilleurs talents ne se limite pas aux facteurs internes ; elle s'étend à la réputation externe et à l'image de marque de l'organisation. Les entreprises connues pour attirer et retenir les meilleurs talents sont considérées comme des employeurs attrayants, attirant un plus grand nombre de candidats de haut calibre pour de futurs postes. Une telle marque employeur positive permet à ces entreprises de choisir parmi un vivier de talents plus large et, à leur tour, d'embaucher des personnes possédant les compétences et la culture appropriées. Par exemple, des géants de la technologie renommés comme Google et Apple ont construit de solides marques d'employeurs qui attirent constamment les meilleurs talents du monde entier, leur permettant de maintenir leur position de leaders de l'industrie.

En revanche, les conséquences de ne pas recruter les meilleurs talents peuvent être préjudiciables au succès d'une organisation. Embaucher des employés avec des compétences inférieures à la moyenne ou une adéquation culturelle inadaptée peut entraîner des inefficacités, des opportunités manquées et une productivité réduite. De plus, les taux de roulement élevés résultant d'embauches infructueuses peuvent peser sur les ressources organisationnelles et diminuer le moral des employés, car les membres restants de l'équipe peuvent être chargés de responsabilités supplémentaires ou faire face à des incertitudes quant à la stabilité de l'entreprise.

b. Identifier les caractéristiques clés des employés de haute qualité

L'identification et l'embauche d'employés de qualité est une entreprise essentielle pour les organisations qui visent à constituer une main-d'œuvre solide et performante. Ces personnes exceptionnelles possèdent des traits et des qualités spécifiques qui les distinguent des candidats moyens, ce qui en fait des atouts inestimables pour l'organisation. Comprendre et reconnaître ces caractéristiques clés est essentiel pour que les professionnels de l'acquisition de talents et les responsables du recrutement puissent prendre des décisions éclairées et retenir les meilleurs talents.

L'une des principales caractéristiques des employés de qualité est une solide éthique de travail. Ces personnes font constamment preuve de dévouement, de fiabilité et d'une volonté d'aller au-delà des attentes pour atteindre les objectifs de l'organisation. Ils s'approprient leurs tâches, respectent les délais et recherchent de manière proactive des moyens de contribuer au succès de l'équipe. Par exemple, considérez un employé qui fait constamment des heures supplémentaires pour s'assurer que les délais du projet sont respectés et fournit des résultats exceptionnels. Leur engagement et leur diligence ont un impact positif sur la productivité de l'équipe et la réussite globale du projet.

Un autre trait essentiel des employés de haute qualité est l'adaptabilité et un état d'esprit de croissance. Dans le paysage commercial en constante évolution d'aujourd'hui, la capacité d'accepter le changement et d'acquérir de nouvelles compétences est cruciale. Les employés de grande qualité sont ouverts aux nouveaux défis et démontrent une volonté de développer et d'élargir leurs capacités. Ils considèrent les revers comme des opportunités de croissance et utilisent des commentaires constructifs pour améliorer leurs performances. Un employé qui s'adapte de manière transparente aux évolutions des demandes du marché ou aux avancées technologiques met en valeur la valeur de cette caractéristique pour favoriser l'agilité et l'innovation organisationnelles.

Des compétences de communication efficaces sont également une caractéristique déterminante des employés de haute qualité. Ces personnes excellent à articuler leurs idées, à écouter activement les autres et à favoriser de solides relations interpersonnelles. Leur capacité à collaborer avec des collègues, des clients et des parties prenantes améliore la dynamique d'équipe et permet une coordination de projet fluide. Un employé de grande qualité qui excelle dans la communication peut établir de solides relations avec les clients, ce qui conduit à une satisfaction accrue des clients et à la fidélisation des clients.

Les employés de grande qualité font également preuve d'un sens aigu de l'initiative et de capacités de résolution de problèmes. Ils identifient de manière proactive les défis, recherchent des solutions et prennent des mesures pour résoudre les problèmes sans attendre d'instructions explicites. Ce trait est particulièrement précieux dans les rôles qui nécessitent une prise de décision et un leadership indépendants. Par exemple, un employé qui prend l'initiative de suggérer des améliorations de processus ou de proposer des idées innovantes démontre le potentiel de conduire un changement organisationnel positif.

De plus, les employés de grande qualité font preuve de résilience et d'une attitude positive même face à l'adversité. Ils gèrent le stress et les revers avec sang-froid, en se concentrant sur la recherche de solutions plutôt que sur les problèmes. Leur vision optimiste non seulement stimule le moral de l'équipe, mais contribue également à un environnement de travail favorable où les employés peuvent collaborer efficacement et surmonter les obstacles ensemble.

De plus, l'intégrité et la conduite éthique sont des traits fondamentaux dont font preuve des employés de grande qualité. Ils maintiennent un fort sentiment d'honnêteté, de fiabilité et de comportement éthique, tant au sein de l'organisation que dans les interactions avec les parties prenantes externes. Leur engagement envers une conduite éthique favorise une culture de confiance et de crédibilité, ce qui est essentiel pour maintenir des relations solides avec les clients, les partenaires et la communauté au sens large.

Des employés de grande qualité démontrent également un fort alignement avec les valeurs et la culture de l'organisation. Leurs croyances et leurs principes sont conformes à la mission et à la vision de l'organisation, ce qui en fait des défenseurs passionnés des objectifs de l'entreprise. Les employés qui s'alignent sur la culture de l'organisation sont plus susceptibles d'être engagés, engagés et investis dans la réalisation des objectifs de l'entreprise.

c. Analyser l'impact des meilleurs talents sur le succès organisationnel

L'impact des meilleurs talents sur le succès organisationnel est un domaine d'étude critique pour les chercheurs et les praticiens. Des employés de grande qualité, souvent appelés les « acteurs A », jouent un rôle central dans la formation de la performance, de la compétitivité et du succès global d'une organisation. Cette section examine les effets multiformes des meilleurs talents sur divers aspects du fonctionnement organisationnel, mettant en lumière les contributions directes et indirectes des employés exceptionnels.

D'abord et avant tout, les meilleurs talents influencent considérablement la productivité et l'efficacité d'une organisation. Ces personnes possèdent les compétences, les connaissances et l'expérience nécessaires pour exceller dans leurs rôles, ce qui conduit à des niveaux plus élevés d'accomplissement des tâches et de performance. Lorsque des employés de grande qualité sont placés à des postes clés, ils contribuent à des processus rationalisés, à une prise de décision plus rapide et à une allocation efficace des ressources. Par exemple, dans une entreprise de fabrication, un directeur de production qualifié possédant une vaste expérience de l'industrie peut optimiser les processus de production, réduire les coûts et améliorer la production, augmentant ainsi la productivité globale de l'entreprise.

Deuxièmement, l'impact des meilleurs talents s'étend à la promotion de l'innovation et à la croissance organisationnelle. Des employés de grande qualité apportent une nouvelle perspective et des capacités créatives de résolution de problèmes. Leurs compétences diverses et leur volonté d'explorer de nouvelles idées conduisent au développement de produits, services et processus innovants. De plus, leur présence dans une organisation peut inciter les autres membres de l'équipe à sortir des sentiers battus et à prendre des risques calculés. Un excellent exemple de cela peut être vu dans les entreprises technologiques où des programmeurs et développeurs exceptionnels sont les pionniers des logiciels révolutionnaires, propulsant l'organisation à l'avant-garde de l'industrie.

De plus, les meilleurs talents ont une influence significative sur l'amélioration du moral et de l'engagement des employés. Lorsque des employés exceptionnels sont reconnus et récompensés pour leurs contributions, cela donne un exemple positif au reste de la main-d'œuvre. Les personnes très performantes sont souvent considérées comme des modèles, inspirant leurs collègues à viser l'excellence et à être fiers de leur travail. De plus, la présence des meilleurs talents contribue à un environnement de travail favorable et collaboratif, où les employés se sentent motivés pour partager des idées et contribuer activement aux objectifs de l'équipe.

En plus d'avoir un impact sur la dynamique organisationnelle interne, les meilleurs talents jouent également un rôle crucial dans l'établissement de relations externes solides. Des employés exceptionnels servent souvent de visage à l'organisation, la représentant auprès des clients, des partenaires et de l'industrie au sens large. Leur professionnalisme, leur expertise et leurs compétences interpersonnelles peuvent favoriser la confiance et la crédibilité auprès des clients, ce qui conduit à une satisfaction accrue des clients et à la fidélisation des clients. Par exemple, un représentant des ventes charismatique et bien informé peut communiquer efficacement la valeur des produits ou services de l'organisation, influençant ainsi les clients potentiels à choisir leurs offres plutôt que celles des concurrents.

De plus, la présence des meilleurs talents est directement liée à un risque réduit de rotation du personnel. Les employés de grande qualité sont plus susceptibles d'être satisfaits de leur rôle et attachés à la vision et aux valeurs de l'organisation. Leur alignement avec la culture de l'entreprise crée un sentiment d'appartenance et d'objectif, réduisant la probabilité de rechercher des opportunités ailleurs. Une faible rotation du personnel permet non seulement d'économiser sur les coûts de recrutement et de formation, mais assure également la rétention de connaissances et d'expertise précieuses au sein de l'organisation.

Chapitre 2 : Créer une marque employeur irrésistible

a. Construire une proposition convaincante

La proposition de valeur de l'employeur (EVP) est un outil puissant pour attirer et retenir les meilleurs talents sur le marché du travail concurrentiel d'aujourd'hui. Il s'agit d'un ensemble unique d'offres et d'avantages qu'une organisation offre à ses employés en échange de leurs compétences, de leurs talents et de leur dévouement. Un EVP convaincant est essentiel pour créer une marque employeur forte et positionner l'organisation comme un employeur de choix. Cette section examine les éléments clés de la création d'un EVP convaincant, soulignant son importance pour attirer, engager et retenir les meilleurs talents.

Comprendre les besoins des employés : Pour créer un EVP convaincant, les organisations doivent d'abord comprendre les besoins, les préférences et les aspirations de leur vivier de talents cible. La réalisation d'enquêtes auprès des employés, de groupes de discussion et d'études de marché peut aider à recueillir des informations sur ce que les candidats apprécient le plus sur leur lieu de travail. Par exemple, si une entreprise technologique découvre que l'équilibre travail-vie personnelle et les opportunités d'évolution de carrière sont des priorités absolues pour les candidats qu'elle souhaite, elle peut adapter son EVP pour mettre en évidence des modalités de travail flexibles et des programmes complets de développement de carrière.

Rémunération et avantages concurrentiels : L'un des éléments fondamentaux d'un EVP convaincant est une rémunération et des avantages concurrentiels. Les candidats de haute qualité évaluent souvent le salaire, les primes, l'assurance maladie, les régimes de retraite et d'autres avantages lorsqu'ils envisagent des opportunités d'emploi. Un EVP compétitif s'assure que l'organisation offre des packages de rémunération attractifs qui correspondent aux normes de l'industrie et à l'expertise du candidat. De plus, offrir des avantages uniques tels que des programmes de bien-être, des horaires de travail flexibles et des options de travail à distance peut différencier l'organisation de ses concurrents.

Opportunités de développement professionnel et de croissance : les meilleurs talents sont impatients de grandir et de faire progresser leur carrière. Offrir des parcours de développement de carrière et des opportunités d'apprentissage clairs et structurés peut être un moteur important pour attirer des candidats ambitieux. Les organisations peuvent offrir des programmes de mentorat, des ateliers et un soutien financier pour la formation continue afin de démontrer leur engagement envers la croissance des employés.

Reconnaissance et appréciation : Un EVP convaincant inclut également une culture de reconnaissance et d'appréciation. Les employés recherchent la validation de leurs contributions et de leurs efforts. Reconnaître et récompenser les performances exceptionnelles par le biais d'incitations, de primes et de récompenses basées sur la performance renforce un environnement de travail positif et motive les employés à exceller.

Intégration travail-vie : Atteindre un équilibre sain entre le travail et la vie personnelle est une priorité absolue pour de nombreux professionnels. Un EVP convaincant le reconnaît en proposant des modalités de travail flexibles, des options de télétravail et des politiques qui favorisent l'intégration travail-vie personnelle. Mettre l'accent sur l'importance du bien-être des employés et fournir des ressources pour gérer le stress et la santé mentale peut encore accroître l'attrait de l'organisation.

Présenter les histoires de réussite des employés : partager les histoires de réussite des employés actuels qui ont prospéré au sein de l'organisation peut fournir un témoignage convaincant de l'efficacité de l'EVP. La publication de témoignages d'employés sur le site Web de l'entreprise, les médias sociaux et les supports de recrutement peut donner aux candidats un aperçu des expériences positives et des opportunités disponibles au sein de l'organisation.

b. Tirer parti des témoignages d'employés et des histoires de réussite

Dans le but d'attirer et de retenir les meilleurs talents, les organisations se tournent de plus en plus vers les témoignages d'employés et les histoires de réussite comme outils puissants pour renforcer leurs efforts de marque employeur. Les témoignages d'employés offrent un aperçu authentique et franc de l'expérience des employés, fournissant aux candidats potentiels des informations précieuses sur la culture, l'environnement de travail et les opportunités de carrière de l'organisation. Ces témoignages servent de voix directe et authentique, créant un lien émotionnel avec les candidats et leur donnant un aperçu de ce que c'est vraiment que de travailler au sein de l'organisation.

Les témoignages d'employés ont une grande crédibilité car ils proviennent de personnes qui ont une expérience directe avec l'organisation. Alors que les employés partagent leur parcours personnel, leurs défis et leurs réussites, leurs récits ont un air d'authenticité qui résonne chez les candidats potentiels. Par exemple, le témoignage d'un employé qui a rejoint l'organisation en tant que stagiaire et a gravi les échelons jusqu'à un poste de direction démontre les opportunités de croissance et d'avancement au sein de l'entreprise, ce qui peut être un facteur convaincant pour les candidats ambitieux à la recherche d'un développement de carrière.

Les histoires de réussite d'employés qui ont prospéré au sein de l'organisation sont de puissants facteurs de motivation pour les candidats potentiels. Entendre parler de vrais employés qui ont réussi sur le plan professionnel et se sont épanouis personnellement peut susciter l'inspiration et l'aspiration chez les candidats. Ces histoires démontrent que l'organisation valorise et nourrit ses employés, en leur offrant le soutien et les opportunités nécessaires pour s'épanouir. L'histoire de réussite d'un employé qui a suivi une formation spécialisée et a reçu une reconnaissance pour ses contributions exceptionnelles illustre l'engagement de l'organisation à investir dans le talent et à récompenser les performances exceptionnelles.

De plus, tirer parti des témoignages d'employés a un impact positif sur l'engagement et la rétention des employés au sein de l'organisation. Lorsque les employés ont la possibilité de partager leurs expériences et leurs contributions, cela renforce leur sentiment de fierté et leur lien avec l'organisation. Cet engagement accru peut entraîner une amélioration de la satisfaction au travail et une réduction des taux de roulement, car les employés se sentent valorisés et reconnus.

Du point de vue de l'image de marque de l'employeur, les témoignages d'employés servent d'approbation authentique de l'EVP de l'organisation. En présentant ces témoignages sur le site Web de l'entreprise, les plateformes de médias sociaux et les supports de recrutement, l'organisation renforce sa marque employeur et se démarque de ses concurrents.

Les candidats potentiels, impressionnés par les expériences positives partagées par les employés, sont plus susceptibles de considérer l'organisation comme un lieu de travail souhaitable et d'être motivés à postuler à des postes vacants.

Chapitre 3 : Cibler les bons bassins de talents

a. Naviguer sur le marché du travail

Dans le processus de recrutement, comprendre la distinction entre les candidats actifs et passifs est essentiel pour les professionnels de l'acquisition de talents. Les candidats actifs sont ceux qui recherchent activement de nouvelles opportunités d'emploi et sont généralement sensibles aux offres d'emploi et à la sensibilisation. D'autre part, les candidats passifs sont actuellement employés et ne recherchent pas activement de nouveaux rôles, mais ils peuvent envisager des offres attrayantes s'ils se présentent avec des opportunités intéressantes. Cette section explore les nuances de la navigation sur le marché du travail pour attirer des candidats actifs et passifs et les stratégies employées pour engager efficacement ces différents types de candidats.

Les candidats actifs sont plus facilement accessibles et visibles sur le marché du travail. Ils recherchent activement des offres d'emploi, soumettent des candidatures et participent à des salons de l'emploi et à des événements de réseautage. Les professionnels de l'acquisition de talents peuvent contacter les candidats actifs directement via divers canaux de recrutement, tels que les sites d'emploi en ligne, les plateformes de médias sociaux et les sites Web de carrière. Par exemple, une entreprise de logiciels qui cherche à pourvoir un poste de développeur débutant peut recevoir de nombreuses candidatures de candidats actifs récemment diplômés de programmes d'informatique et qui recherchent activement leur première opportunité d'emploi.

Les candidats passifs, même s'ils ne recherchent pas activement un emploi, possèdent souvent des compétences et une expérience précieuses que les organisations peuvent rechercher. S'engager avec des candidats passifs nécessite une approche plus stratégique et personnalisée. Les professionnels de l'acquisition de talents peuvent tirer parti de leur réseau, effectuer des recherches ciblées sur des plateformes professionnelles telles que LinkedIn et utiliser les recommandations d'employés pour identifier et approcher des candidats passifs. Étant donné que les candidats passifs peuvent ne pas envisager activement de nouvelles opportunités, l'accent est mis sur la présentation d'une proposition de valeur convaincante qui suscite leur intérêt. Par exemple, une agence de marketing peut contacter un spécialiste du marketing talentueux actuellement employé dans une autre entreprise, mettant en évidence des opportunités de croissance uniques, la culture d'entreprise et la possibilité de travailler sur des projets passionnants.

Pour les professionnels de l'acquisition de talents, attirer des candidats actifs peut impliquer de rédiger des descriptions de poste captivantes et de maintenir une forte présence en ligne pour augmenter la visibilité. Les employeurs peuvent utiliser des systèmes de suivi des candidatures pour gérer efficacement les candidatures et identifier les correspondances potentielles. D'autre part, engager des candidats passifs nécessite souvent une approche plus personnalisée, telle que des messages de sensibilisation sur mesure, mettant en évidence des aspects spécifiques de l'organisation qui correspondent aux aspirations et aux intérêts de carrière du candidat. Les employeurs peuvent également établir des relations avec des candidats passifs potentiels par le biais d'événements de l'industrie et d'activités de réseautage, leur permettant de créer des liens et d'entretenir des relations au fil du temps.

Il est crucial pour les organisations de reconnaître la valeur des candidats passifs dans le processus d'acquisition de talents. La recherche indique que les candidats passifs apportent souvent des perspectives et une expérience uniques de leurs rôles actuels, contribuant à une créativité accrue au sein de l'organisation. Les candidats passifs peuvent également être plus susceptibles d'accepter une offre d'emploi si elle correspond étroitement à leurs aspirations professionnelles et offre des incitations et des avantages attrayants.

De plus, les organisations peuvent créer des pipelines de talents pour dialoguer en permanence avec des candidats potentiels. En entretenant une relation avec des candidats passifs, même s'ils ne sont pas prêts à agir immédiatement, les organisations peuvent les tenir informés des opportunités pertinentes et nourrir leur intérêt au fil du temps. Cette approche proactive de l'acquisition de talents garantit que les organisations disposent d'un bassin de candidats qualifiés dans lequel puiser lorsque des postes spécifiques deviennent disponibles.

b. Identifier les réseaux de talents de niche

Dans leur quête pour recruter les meilleurs talents, les professionnels de l'acquisition de talents reconnaissent souvent l'importance de cibler des communautés et des réseaux de talents de niche. Les communautés de talents de niche font référence à des groupes spécialisés de personnes possédant des compétences, une expertise ou des intérêts spécifiques dans une industrie ou un domaine particulier. L'identification et l'engagement avec ces communautés peuvent apporter des avantages significatifs en attirant des candidats avec des compétences uniques et une passion pour leurs domaines respectifs. Cette section se penche sur l'importance d'identifier des communautés et des réseaux de talents de niche dans le processus de recrutement et explore les stratégies utilisées pour entrer en contact avec et recruter des candidats de ces groupes spécialisés.

La première étape pour identifier les communautés de talents de niche consiste à mener une étude de marché approfondie et à comprendre les compétences et les qualifications uniques requises pour des rôles spécifiques. Par exemple, si une organisation cherche à embaucher des scientifiques des données, l'identification des forums de science des données, des communautés en ligne et des réseaux professionnels peut fournir des informations précieuses sur les dernières tendances, les technologies et les compétences les plus demandées du secteur. En s'engageant de manière proactive avec ces communautés, les professionnels de l'acquisition de talents peuvent établir des liens et établir des relations avec des candidats potentiels.

De plus, tirer parti des plateformes de médias sociaux est une stratégie cruciale pour se connecter avec des communautés de talents de niche. Des plateformes telles que LinkedIn, Twitter et des forums spécifiques à l'industrie permettent aux professionnels de l'acquisition de talents d'interagir directement avec des professionnels d'horizons divers. Par exemple, une entreprise technologique à la recherche de développeurs de blockchain peut utiliser des groupes axés sur la blockchain sur LinkedIn pour identifier des candidats potentiels et participer à des discussions pour gagner en visibilité au sein de la communauté.

En plus des plateformes numériques, la participation à des conférences, des séminaires et des événements de réseautage de l'industrie peut être inestimable pour identifier des communautés et des réseaux de talents de niche. Ces événements offrent des opportunités d'interactions en face à face avec des professionnels dans des domaines spécifiques et offrent une chance de comprendre leurs aspirations professionnelles et leurs intérêts. Une organisation de soins de santé à la recherche de chercheurs médicaux spécialisés peut dialoguer avec des chercheurs et des universitaires lors de conférences médicales afin d'explorer les possibilités de collaboration et d'acquisition de talents.

Les organisations peuvent également établir des partenariats avec des institutions académiques et des associations professionnelles spécifiques à l'industrie pour puiser dans des bassins de talents de niche. La collaboration avec les universités et les instituts de recherche peut faciliter l'accès aux étudiants et aux diplômés possédant des connaissances et des qualifications spécialisées. Par exemple, une entreprise automobile à la recherche d'ingénieurs automobiles peut s'associer à des écoles d'ingénieurs pour entrer en contact avec des diplômés talentueux ayant une expertise dans l'industrie automobile.

De plus, les recommandations d'employés jouent un rôle important dans l'identification de communautés de talents de niche. Les employés existants qui font partie de communautés et de réseaux spécialisés peuvent recommander des candidats ayant des antécédents et des compétences similaires. La création d'un solide programme de recommandation d'employés encourage les employés actuels à participer activement aux efforts d'acquisition de talents et à partager les candidats potentiels de leurs propres réseaux.

Chapitre 4 : Créer des descriptions de poste efficaces

a. Rédiger des descriptions de poste qui attirent les meilleurs talents

La rédaction de descriptions de poste convaincantes est un aspect essentiel pour attirer les meilleurs talents dans une organisation. Une description de poste bien rédigée sert de premier point de contact pour les candidats potentiels et joue un rôle central pour éveiller leur intérêt et les encourager à postuler. Cette section explore l'importance de rédiger des descriptions de poste qui se démarquent et trouvent un écho auprès des meilleurs talents, ainsi que des stratégies et des exemples pour atteindre cet objectif.

Un titre de poste clair et concis est la base d'une description de poste efficace. Le titre du poste doit refléter avec précision les responsabilités du rôle et s'aligner sur les normes de l'industrie. Par exemple, une société de développement de logiciels à la recherche d'un développeur Web front-end devrait utiliser un titre simple et standard, comme "Développeur Web Front-End", plutôt qu'un titre vague ou trop créatif.

Un aperçu détaillé du poste est essentiel pour communiquer les principales responsabilités, les objectifs et les attentes pour le poste. L'aperçu doit présenter un aperçu convaincant de l'importance et de l'impact du poste au sein de l'organisation. Par exemple, une description de poste de responsable marketing pourrait mettre en évidence le rôle essentiel du rôle dans le développement et la mise en œuvre de stratégies marketing pour stimuler la croissance des revenus et étendre la portée du marché.

Une longue liste de qualifications et de compétences essentielles aide à établir des attentes claires pour les candidats potentiels.

Adaptez les qualifications pour qu'elles soient à la fois spécifiques et réalistes, en vous assurant que les candidats comprennent les exigences et puissent évaluer en toute confiance leur adéquation au poste. L'inclusion des compétences non techniques souhaitées, telles que de solides capacités de communication et de leadership, peut également donner aux candidats une vision globale de ce qui est attendu du poste.

Mettre en valeur la culture et les valeurs de l'organisation peut être un facteur de persuasion pour les meilleurs talents. Une description de poste bien rédigée peut incorporer une brève section sur la mission, la vision et les valeurs fondamentales de l'entreprise pour démontrer son engagement envers un environnement de travail positif. Par exemple, une entreprise technologique qui met l'accent sur une culture d'innovation et de collaboration dans ses descriptions de poste peut attirer des résolveurs de problèmes créatifs qui s'épanouissent dans de tels environnements.

Les employeurs peuvent également tirer parti des techniques de narration dans les descriptions de poste pour captiver les candidats potentiels. L'intégration de brefs récits d'employés actuels ou d'histoires de réussite d'anciens employés qui ont excellé dans le rôle peut illustrer la croissance de carrière et l'impact réalisable au sein de l'organisation. Cette approche de narration peut créer un lien émotionnel et trouver un écho auprès des candidats à la recherche d'opportunités de carrière significatives et enrichissantes.

Offrir une rémunération compétitive et attrayante est crucial pour attirer les meilleurs talents. Bien que la description de poste puisse ne pas inclure de chiffres salariaux spécifiques, elle doit mentionner l'engagement de l'organisation envers une rémunération compétitive, des avantages sociaux et des opportunités de développement professionnel. Mettre l'accent sur l'investissement de l'organisation dans la croissance et le bien-être des employés peut encore renforcer l'attrait de la description de poste.

Enfin, l'optimisation des descriptions de poste pour la visibilité des moteurs de recherche peut augmenter leur portée et attirer des candidats passifs. L'intégration de mots-clés pertinents liés au rôle et à l'industrie peut améliorer le classement des moteurs de recherche de la description de poste. Cela permet aux candidats potentiels de trouver plus facilement l'offre d'emploi, ce qui augmente la probabilité d'atteindre les meilleurs talents qui ne recherchent peut-être pas activement de nouvelles opportunités.

b. Mettre en évidence les opportunités de croissance et de développement

L'une des stratégies les plus efficaces pour attirer et retenir les meilleurs talents consiste à mettre en évidence les opportunités de croissance et de développement au sein de l'organisation. Les meilleurs candidats ne recherchent pas seulement un emploi, mais aussi un cheminement de carrière qui offre un apprentissage et une progression continus. Cette section explore l'importance de mettre l'accent sur les opportunités de croissance et de développement et fournit des exemples de la manière dont les organisations peuvent présenter efficacement ces aspects pour attirer et retenir les meilleurs talents.

Un aspect clé de la mise en évidence des opportunités de croissance et de développement est de fournir un cheminement de carrière clair et structuré aux employés. Cela peut inclure des niveaux d'emploi bien définis et des critères de promotion basés sur la performance et le développement des compétences. Par exemple, une entreprise de logiciels peut avoir différents niveaux d'ingénieurs en logiciel, tels que Junior, Intermédiaire et Senior, chacun ayant des responsabilités et des attentes spécifiques. La communication de ces cheminements de carrière dans les offres d'emploi et lors des entrevues peut démontrer l'engagement de l'organisation envers la croissance des employés.

Les programmes de mentorat et de coaching sont une autre façon de présenter des opportunités de croissance. Jumeler les nouveaux employés avec des mentors expérimentés peut accélérer leur courbe d'apprentissage et fournir des conseils sur le développement de carrière. Par exemple, une société financière peut proposer des programmes de mentorat pour les analystes juniors, leur fournissant des informations précieuses d'analystes seniors et de dirigeants de l'organisation.

De plus, les organisations peuvent mettre en évidence les opportunités de développement des compétences et d'apprentissage continu. Offrir un accès à des ateliers, des séminaires, des cours en ligne et des certifications de l'industrie peut attirer des candidats qui apprécient le développement professionnel. Par exemple, une agence de marketing peut offrir à ses employés une formation régulière sur les dernières tendances et outils de marketing, leur permettant de rester compétitifs dans l'industrie en évolution rapide.

Les organisations peuvent également mettre l'accent sur la mobilité interne et les opportunités de travailler dans différents départements ou projets. Cette exposition interfonctionnelle peut offrir aux employés des expériences diverses et contribuer à leur croissance personnelle et professionnelle. Par exemple, une entreprise de fabrication peut autoriser les ingénieurs à effectuer une rotation dans différentes équipes, telles que la conception de produits, l'ingénierie des processus et l'assurance qualité, pour acquérir une compréhension plus large des opérations de l'organisation.

Mettre en évidence un système de gestion de la performance solide est essentiel pour la croissance et le développement. Des commentaires et des évaluations de performance réguliers peuvent guider les employés sur les domaines à améliorer et les domaines dans lesquels ils excellent. Les organisations peuvent démontrer leur engagement envers la croissance des employés en fournissant des commentaires constructifs et en reconnaissant les réalisations. Par exemple, une entreprise hôtelière peut effectuer des évaluations de performance trimestrielles, où les employés reçoivent des commentaires sur leur performance et sont reconnus pour leur service client exceptionnel.

De plus, les organisations peuvent offrir des opportunités de développement du leadership et de la gestion. L'identification et la formation d'employés à fort potentiel pour de futurs rôles de leadership peuvent être un facteur déterminant pour les meilleurs talents à la recherche d'une croissance de carrière. Par exemple, une entreprise de technologie peut avoir des programmes de développement du leadership conçus pour préparer les employés à des postes de direction grâce à une formation en leadership et à des affectations élargies.

Enfin, les organisations peuvent utiliser les histoires de réussite d'employés qui ont fait progresser leur carrière au sein de l'entreprise pour illustrer les opportunités de croissance et de développement. Partager des témoignages ou mener des entretiens avec des employés qui ont commencé à des postes de niveau d'entrée et ont progressé vers des rôles plus élevés peuvent servir d'exemples inspirants pour les candidats potentiels. Ces histoires illustrent l'engagement de l'organisation à cultiver les talents et à fournir un terrain fertile pour l'avancement professionnel.

c. Incorporer des indicateurs de performance clés (KPI) et des attentes

L'intégration d'indicateurs de performance clés (KPI) et d'attentes de performance claires dans les descriptions de poste est essentielle pour jeter les bases de la réussite des employés et de la croissance organisationnelle. Les KPI sont des mesures spécifiques et mesurables qui aident à évaluer la performance d'un employé et sa contribution aux objectifs de l'organisation. En incluant les KPI et les attentes dans les descriptions de poste, les organisations peuvent communiquer efficacement leurs normes de performance et aligner les compétences et les capacités des candidats sur les objectifs de l'entreprise. Cette section explore l'importance d'intégrer les KPI et les attentes dans les descriptions de poste et fournit des exemples de la manière dont les organisations peuvent mettre en œuvre cette pratique.

Tout d'abord, la définition des KPI et des attentes dans les descriptions de poste aide les candidats à comprendre les principaux résultats et livrables attendus du poste. Par exemple, la description de poste d'un directeur des ventes peut inclure des KPI liés au chiffre d'affaires, à l'acquisition de clients et aux performances de l'équipe. En énonçant clairement ces attentes, les candidats potentiels peuvent évaluer leur adéquation au poste et évaluer s'ils peuvent répondre aux normes de performance de l'organisation.

De plus, l'intégration d'indicateurs de performance clés et d'attentes dans les descriptions de poste permet aux organisations de définir des critères de performance pour l'évaluation et le développement des employés. Par exemple, la description de poste d'un coordinateur marketing peut inclure des KPI liés au trafic sur le site Web, à la génération de prospects et à l'engagement sur les réseaux sociaux. Ces indicateurs mesurables servent de base aux revues de performance et aux discussions sur les axes d'amélioration.

De plus, les KPI et les attentes aident à aligner les efforts des employés sur les priorités stratégiques de l'organisation. Lorsque les candidats sont conscients des résultats clés attendus de leur rôle, ils peuvent contribuer de manière proactive à la réalisation des objectifs organisationnels. Par exemple, la description de poste d'un chef de projet peut inclure des KPI liés aux délais d'achèvement du projet et au respect du budget, garantissant que le candidat comprend l'importance de livrer les projets dans les délais et dans les limites du budget.

De plus, l'intégration des KPI et des attentes favorise une culture de responsabilité et un environnement de travail axé sur la performance. Lorsque les employés sont conscients des résultats spécifiques dont ils sont responsables, ils sont plus susceptibles de s'approprier leurs tâches et de s'efforcer d'exceller dans leurs rôles. Par exemple, la description de poste d'un représentant du service client peut inclure des KPI liés aux taux de satisfaction client et au temps de réponse, encourageant le candidat à hiérarchiser les besoins des clients et à fournir un service exceptionnel.

De plus, les KPI et les attentes fournissent une base pour le développement et la formation des employés. En évaluant les performances par rapport à des références prédéfinies, les organisations peuvent identifier les lacunes en matière de compétences et les domaines à améliorer. Par exemple, la description de poste d'un développeur de logiciels peut inclure des KPI liés au nombre de bogues résolus et à la qualité du code, permettant à l'organisation de fournir une formation ciblée pour améliorer les compétences de codage du développeur.

L'intégration des KPI et des attentes profite également à la motivation et à l'engagement des employés. Lorsque les employés ont une compréhension claire de ce qu'on attend d'eux, ils sont plus susceptibles de se sentir motivés pour atteindre leurs objectifs et contribuer au succès de l'organisation. Par exemple, la description de poste d'un chef d'équipe peut inclure des KPI liés à la productivité de l'équipe et à la satisfaction des employés, ce qui peut inspirer le candidat à favoriser un environnement d'équipe collaboratif et solidaire.

Enfin, les KPI et les attentes aident à normaliser l'évaluation des performances dans l'ensemble de l'organisation. En établissant des mesures uniformes pour évaluer les performances des employés, les organisations peuvent garantir l'équité et la cohérence des évaluations et de la reconnaissance des performances. Par exemple, la description de poste d'un responsable des ressources humaines peut inclure des KPI liés à la rétention des employés et à l'acquisition de talents, fournissant une base claire pour évaluer le succès du responsable dans la gestion des talents.

Chapitre 5 : Le pouvoir de la marque employeur

a. Tirer parti des médias sociaux pour la promotion de la marque employeur

À l'ère numérique, les médias sociaux sont devenus une plate-forme puissante pour la promotion de la marque employeur et l'acquisition de talents. Les organisations peuvent exploiter la portée et l'engagement de diverses plateformes de médias sociaux pour présenter leur proposition de valeur employeur (EVP) unique et attirer les meilleurs talents. Cette section se penche sur l'importance de tirer parti des médias sociaux pour la promotion de la marque employeur et fournit des exemples de stratégies efficaces pour maximiser son impact.

L'un des principaux avantages de l'utilisation des médias sociaux pour la promotion de la marque employeur est leur portée et leur accessibilité étendues. Des plateformes comme LinkedIn, Facebook, Twitter, Instagram et YouTube comptent des millions d'utilisateurs actifs, ce qui en fait des canaux idéaux pour entrer en contact avec des candidats potentiels. Par exemple, une entreprise technologique à la recherche d'ingénieurs en logiciel peut publier du contenu attrayant sur LinkedIn et Twitter, atteignant ainsi un large public de professionnels intéressés par l'industrie technologique.

Les médias sociaux permettent aux organisations de présenter leur culture et leurs valeurs d'entreprise de manière dynamique et interactive. Grâce à des publications, des vidéos et des histoires, les employeurs peuvent donner un aperçu de l'environnement de travail, des activités d'équipe et des expériences des employés. Par exemple, une entreprise hôtelière peut partager des photos d'événements de consolidation d'équipe et de cérémonies de reconnaissance des employés sur Instagram.

Un contenu engageant sur les médias sociaux peut également positionner une organisation en tant que leader d'opinion de l'industrie. En partageant des articles informatifs, des tendances de l'industrie et des idées, l'entreprise peut démontrer son expertise et son engagement à rester à la pointe des développements dans le domaine. Par exemple, une agence de marketing peut partager régulièrement des articles de blog et des infographies sur Twitter et LinkedIn, s'imposant ainsi comme une autorité bien informée dans l'industrie du marketing.

Les plateformes de médias sociaux facilitent la communication bidirectionnelle, permettant aux organisations de s'engager directement avec des candidats potentiels et de répondre rapidement aux demandes de renseignements. Des réponses rapides et personnalisées démontrent l'attention et le dévouement de l'organisation à l'expérience des candidats. Par exemple, une entreprise de vente au détail peut répondre activement aux questions et aux commentaires sur sa page Facebook, créant ainsi une impression positive parmi les candidats et les clients.

De plus, la défense des intérêts des employés sur les médias sociaux peut amplifier considérablement la marque employeur. Encourager les employés à partager leurs expériences, leurs réalisations et leurs idées sur leurs profils personnels sur les réseaux sociaux peut étendre la portée de l'organisation à leurs réseaux. Par exemple, une entreprise technologique peut lancer un programme de défense des employés, fournissant aux employés du contenu à partager et promouvant une marque employeur positive via leurs comptes de médias sociaux.

La publicité payante sur les plateformes de médias sociaux permet aux organisations de cibler des données démographiques spécifiques et d'atteindre un public personnalisé de candidats potentiels. Cette approche ciblée peut attirer des candidats possédant les bonnes compétences et qualifications pour les rôles de l'organisation. Par exemple, une institution financière à la recherche de professionnels de la finance peut utiliser les publicités Facebook pour cibler les utilisateurs ayant une formation et des intérêts professionnels pertinents.

L'analyse des mesures et des informations sur les médias sociaux peut fournir des données précieuses sur l'efficacité des stratégies de promotion de la marque employeur. Les organisations peuvent suivre les taux d'engagement, les taux de clics et les données démographiques de l'audience pour mesurer l'impact de leurs campagnes sur les réseaux sociaux. Par exemple, une entreprise de commerce électronique peut analyser les performances de ses annonces de recrutement sur Facebook pour évaluer le succès de ses efforts de promotion de la marque employeur.

En conclusion, tirer parti des médias sociaux pour la promotion de la marque employeur est une approche précieuse et dynamique pour attirer les meilleurs talents. Grâce à une portée étendue, un contenu interactif, un leadership éclairé, un engagement direct, la défense des intérêts des employés, la publicité payante et l'analyse de données, les organisations peuvent présenter efficacement leur proposition de valeur employeur et créer une marque employeur attrayante. Une présence engageante et authentique sur les réseaux sociaux peut trouver un écho auprès des candidats potentiels, positionner l'organisation comme un employeur de choix et accroître son attrait sur le marché concurrentiel des talents. En adoptant les médias sociaux comme stratégie

*b. Construire un site Web de carrière engageant
et des pages de destination*

Un site Web de carrière bien conçu et engageant, ainsi que des pages de destination stratégiquement conçues, jouent un rôle essentiel pour attirer les meilleurs talents et renforcer la marque employeur d'une organisation. À l'ère numérique, un site Web de carrière est souvent le premier point de contact pour les candidats potentiels, ce qui rend essentiel pour les organisations de créer une présence en ligne positive et captivante. Cette section explore l'importance de créer un site Web et des pages de destination attrayants pour les carrières et fournit des exemples de stratégies efficaces pour atteindre cet objectif.

Un site Web de carrière engageant sert de plate-forme complète où les candidats potentiels peuvent explorer divers aspects de l'organisation. Le site Web doit présenter la culture, les valeurs et les expériences des employés de l'entreprise à travers des visuels dynamiques et une narration convaincante. Par exemple, le site Web de carrière d'une entreprise technologique peut présenter des témoignages d'employés, des vidéos mettant en évidence les événements de l'entreprise et des infographies illustrant la croissance et l'impact de l'organisation dans l'industrie.

Pour créer une expérience interactive et conviviale, le site Web de carrière doit offrir une navigation claire et un accès facile aux informations pertinentes. Un processus de candidature transparent est essentiel pour maintenir l'engagement des candidats potentiels et minimiser les abandons. Par exemple, le site Web de carrière d'une entreprise de commerce électronique peut intégrer un formulaire de candidature convivial qui enregistre automatiquement les progrès, garantissant ainsi un processus de candidature fluide pour les candidats.

Des pages de destination conçues de manière stratégique qui s'alignent sur des offres d'emploi spécifiques peuvent encore améliorer l'engagement des candidats. Des pages de destination adaptées à chaque rôle peuvent fournir des informations détaillées sur les responsabilités, les exigences et les avantages du poste. Par exemple, une entreprise de soins de santé qui cherche à embaucher des infirmières peut créer une page d'accueil qui met en évidence les opportunités de croissance de carrière, les programmes de formation et l'équilibre travail-vie propre aux rôles infirmiers.

La personnalisation est un aspect clé d'un site Web de carrière engageant et de pages de destination. Adapter le contenu aux intérêts et aux besoins des différents groupes démographiques de candidats peut créer un sentiment de pertinence et de connectivité. Les organisations peuvent utiliser l'analyse de données pour comprendre les préférences et le comportement des candidats, ce qui leur permet de fournir un contenu ciblé. Par exemple, une institution financière peut analyser les données des utilisateurs pour adapter le contenu de la page d'accueil aux nouveaux diplômés à la recherche de postes financiers débutants et aux professionnels expérimentés à la recherche de postes de direction.

L'intégration d'un contenu centré sur les employés est une stratégie puissante pour créer un site Web de carrière engageant. Partager les histoires de réussite des employés, les profils des membres de l'équipe et les opportunités de croissance et de développement peut mettre en valeur l'engagement de l'organisation envers ses employés. Par exemple, le site Web de carrière d'une entreprise manufacturière peut inclure des profils d'employés qui sont passés de postes de débutant à des postes de direction, illustrant le soutien de l'entreprise à l'avancement des employés.

L'utilisation d'éléments multimédias, tels que des vidéos, des infographies et des éléments interactifs, peut considérablement améliorer l'attrait du site Web de carrière. Ces visuels attrayants peuvent communiquer efficacement des informations et captiver les candidats potentiels. Par exemple, le site Web de carrière d'une entreprise automobile peut proposer une visite vidéo de son usine de fabrication à la pointe de la technologie, offrant aux candidats une expérience immersive de l'environnement de travail.

Chapitre 6 : Maîtriser la sélection des candidats

a. Concevoir un processus de sélection de CV efficace

Un processus de sélection de CV bien conçu est essentiel pour identifier efficacement et efficacement les candidats les plus qualifiés parmi un groupe de candidats. Le processus de sélection des CV implique l'examen et l'évaluation des CV pour présélectionner les candidats qui possèdent les qualifications, les compétences et l'expérience requises pour un rôle particulier. Cette section explore l'importance de concevoir un processus de sélection de CV efficace et fournit des exemples de stratégies que les organisations peuvent mettre en œuvre pour rationaliser leurs efforts d'embauche.

Premièrement, définir des exigences de poste claires et spécifiques est essentiel pour un processus de sélection de CV efficace. En établissant des critères et des qualifications précis pour chaque poste, les responsables du recrutement et les recruteurs peuvent évaluer avec précision les CV des candidats par rapport aux paramètres définis. Par exemple, une entreprise technologique à la recherche d'un ingénieur logiciel possédant des compétences spécifiques en langage de programmation devrait décrire ces exigences dans la description de poste afin de faciliter la sélection ciblée des CV.

L'utilisation d'un système de suivi des candidats (ATS) est un outil précieux pour automatiser le processus de sélection des CV. Le logiciel ATS peut analyser les CV à la recherche de mots-clés et de qualifications correspondant aux exigences du poste, ce qui permet d'économiser du temps et des efforts lors de la phase de sélection initiale. Par exemple, une organisation de soins de santé peut utiliser un ATS pour filtrer les CV dépourvus de certifications médicales essentielles ou d'expérience pertinente pour un poste d'infirmière.

La mise en œuvre d'un processus de sélection de CV à deux niveaux peut aider à assurer une évaluation approfondie. Au premier niveau, un recruteur ou un professionnel des RH peut effectuer un examen initial pour présélectionner les candidats en fonction des qualifications essentielles et des principales exigences du poste. Au deuxième niveau, le responsable du recrutement ou l'expert en la matière peut effectuer une évaluation plus détaillée pour sélectionner les candidats qui correspondent à l'expertise technique ou du domaine spécifique requise pour le poste. Cette approche à deux niveaux équilibre l'efficacité et la précision du processus de sélection.

L'utilisation d'un tableau de bord ou d'une rubrique d'évaluation peut fournir un cadre structuré pour l'évaluation du CV. Un tableau de bord peut inclure des critères d'évaluation prédéfinis et une pondération pour différents aspects, permettant une évaluation standardisée et objective des CV. Par exemple, une agence de marketing peut utiliser un tableau de bord pour évaluer les compétences des candidats en marketing numérique, en création de contenu et en gestion de campagne.

L'établissement d'un comité de sélection diversifié peut apporter de multiples perspectives et expertises au processus d'évaluation. L'inclusion de représentants de divers départements ou équipes peut garantir un examen complet des qualifications des candidats et de leur adéquation culturelle potentielle au sein de l'organisation. Par exemple, une entreprise de vente au détail peut impliquer des responsables de différents magasins dans le processus de sélection des CV pour un poste de directeur régional des ventes.

Enfin, fournir une rétroaction et une communication opportunes aux candidats est essentiel pour une expérience positive des candidats. Accuser réception des curriculum vitae et tenir les candidats informés de l'état de leur candidature démontre professionnalisme et respect. Par exemple, une institution financière peut utiliser des réponses automatisées par e-mail pour informer les candidats que leur CV a été reçu et qu'ils seront contactés pour une évaluation plus approfondie.

b. Mettre en œuvre des entretiens comportementaux pour évaluer les compétences et l'adéquation

Les entretiens comportementaux sont une approche largement reconnue et efficace pour évaluer les compétences, les expériences et l'adéquation culturelle d'un candidat pendant le processus d'embauche. Cette technique d'entretien se concentre sur la collecte d'exemples spécifiques du comportement et des actions passés d'un candidat dans des situations pertinentes, fournissant des informations précieuses sur ses capacités de résolution de problèmes, ses compétences en communication et son alignement sur les valeurs de l'organisation. Cette section explore l'importance de la mise en œuvre d'entretiens comportementaux et fournit des exemples de la manière dont les organisations peuvent utiliser cette approche pour évaluer les compétences et s'adapter aux candidats.

Au cours d'un entretien comportemental, l'intervieweur pose des questions qui obligent les candidats à partager des expériences réelles et à décrire comment ils ont géré des défis ou des réalisations spécifiques dans des rôles précédents. Par exemple, un entretien comportemental pour un poste de gestion de projet peut inclure des questions telles que : "Pouvez-vous décrire un moment où vous avez dû faire face à une échéance de projet avec des ressources limitées ? Comment avez-vous géré la situation et quel en a été le résultat ?" Ces questions incitent les candidats à fournir des réponses détaillées qui mettent en valeur leurs compétences en gestion de projet et leurs capacités de prise de décision.

L'un des avantages des entretiens comportementaux est qu'ils se concentrent sur des exemples concrets, permettant aux enquêteurs d'évaluer la compétence d'un candidat sur la base d'actions passées plutôt que de scénarios hypothétiques. Cette approche fournit une évaluation plus précise de la performance potentielle d'un candidat dans le nouveau rôle. Par exemple, une société d'ingénierie menant un entretien comportemental pour un ingénieur concepteur peut avoir un aperçu des compétences en résolution de problèmes et de la créativité du candidat grâce à sa réponse à une question sur la manière de surmonter les défis de conception.

Les entretiens comportementaux offrent également aux candidats l'occasion de démontrer efficacement leurs processus de réflexion et leurs compétences en communication. Au fur et à mesure que les candidats racontent leurs expériences, les intervieweurs peuvent évaluer leur capacité à articuler des idées complexes, à s'engager dans une écoute active et à communiquer de manière claire et concise. Par exemple, une agence de communication utilisant des entretiens comportementaux pour embaucher un rédacteur de contenu peut évaluer dans quelle mesure les candidats présentent leur processus d'écriture et transmettent leur créativité et leur style.

Pour assurer la cohérence et l'objectivité du processus d'entretien, les organisations peuvent développer un ensemble de questions d'entretien comportementales standardisées qui correspondent aux exigences du poste. Les intervieweurs peuvent utiliser ces questions comme guide pour évaluer tous les candidats de manière cohérente et équitable. De plus, un processus d'entretien structuré minimise les préjugés et facilite une comparaison équitable des candidats. Par exemple, une entreprise de vente au détail peut concevoir un ensemble de questions d'entrevue comportementales pour évaluer les candidats à un poste de représentant du service à la clientèle, en évaluant leurs compétences en résolution de conflits et leur approche axée sur le client.

La conduite d'entretiens comportementaux sous forme de panel peut fournir une évaluation complète des candidats. Lors d'un entretien avec un panel, plusieurs enquêteurs de différents départements ou niveaux au sein de l'organisation évaluent le même candidat, offrant diverses perspectives sur l'adéquation du candidat au poste et à l'adéquation culturelle. Cette approche collaborative peut fournir une rétroaction précieuse et améliorer le processus décisionnel. Par exemple, un organisme de soins de santé qui mène une entrevue pour un poste d'infirmier superviseur peut impliquer l'infirmière en chef, le représentant des RH et un cadre supérieur pour évaluer les compétences en leadership du candidat et sa capacité à travailler en collaboration.

De plus, la méthode STAR (Situation, Tâche, Action, Résultat) est couramment utilisée dans les entretiens comportementaux pour structurer les réponses et obtenir des réponses complètes des candidats. En demandant aux candidats de décrire la situation spécifique, les tâches dont ils étaient responsables, les actions qu'ils ont entreprises et les résultats obtenus, les intervieweurs acquièrent une compréhension claire de l'approche du candidat en matière de résolution de problèmes et de sa capacité à fournir des résultats. Par exemple, une entreprise technologique utilisant la méthode STAR dans un entretien comportemental pour un rôle de développeur de logiciels peut évaluer les compétences techniques du candidat, ses capacités de gestion de projet et ses contributions à des versions logicielles réussies.

Chapitre 7 : L'art d'engager les candidats

a. Créer des expériences candidats personnalisées

Dans le marché du travail concurrentiel d'aujourd'hui, les organisations reconnaissent de plus en plus l'importance de fournir des expériences personnalisées aux candidats pour attirer et retenir les meilleurs talents. Une expérience candidat personnalisée va au-delà du processus de recrutement traditionnel, en adaptant les interactions et la communication aux besoins, préférences et intérêts individuels de chaque candidat. Cette section explore l'importance de créer des expériences de recrutement personnalisées et fournit des exemples de stratégies que les organisations peuvent mettre en œuvre pour créer un parcours de recrutement positif et percutant.

L'un des aspects clés des expériences personnalisées des candidats consiste à adapter les descriptions de poste et les communications en fonction des intérêts et des motivations spécifiques des candidats. Plutôt que d'utiliser des offres d'emploi génériques, les organisations peuvent personnaliser les descriptions de poste pour mettre en évidence les aspects uniques du rôle et son alignement avec les aspirations professionnelles du candidat. Par exemple, une entreprise technologique à la recherche de développeurs de logiciels peut créer des offres d'emploi qui mettent l'accent sur les opportunités de croissance professionnelle et d'implication dans des projets innovants, attirant les candidats à la recherche d'un avancement professionnel dans l'industrie technologique.

Une communication efficace est un élément crucial des expériences personnalisées des candidats. Une communication opportune et transparente tout au long du processus d'embauche est synonyme de respect et de professionnalisme. Les organisations peuvent utiliser divers canaux, tels que les e-mails, les appels téléphoniques ou même les messages vidéo, pour tenir les candidats informés de l'état de leur candidature et des prochaines étapes. Par exemple, une agence de marketing peut envoyer des mises à jour personnalisées par e-mail aux candidats après chaque étape du processus de sélection, en fournissant des commentaires constructifs et en exprimant leur appréciation pour leur intérêt.

La personnalisation du processus d'entretien est un autre élément essentiel pour créer une expérience positive pour les candidats. Les organisations peuvent concevoir des formats d'entretien qui correspondent aux préférences et à la disponibilité du candidat. Par exemple, proposer des entretiens virtuels aux candidats qui préfèrent les interactions à distance ou organiser des réunions en personne pour ceux qui apprécient les discussions en face à face peut répondre aux préférences individuelles. De plus, la personnalisation des questions d'entretien pour se concentrer sur les expériences et les compétences spécifiques du candidat permet une conversation plus pertinente et engageante.

Offrir aux candidats un aperçu de la culture et de l'environnement de travail de l'organisation contribue à une expérience candidat authentique et personnalisée. Offrir des visites virtuelles ou en personne des bureaux, des séances de rencontre avec des collègues potentiels ou des témoignages vidéo d'employés actuels peut aider les candidats à se voir comme faisant partie de l'équipe. Par exemple, une société financière peut créer des visites virtuelles de bureaux qui mettent en valeur l'environnement de travail collaboratif et dynamique pour engager les candidats.

La personnalisation s'étend également aux évaluations des candidats. L'adaptation des évaluations et des exercices de compétences aux exigences spécifiques du poste garantit que les capacités des candidats sont évaluées avec précision. Par exemple, une agence de design peut personnaliser un défi de design pour les candidats graphistes, leur permettant de mettre en valeur leur créativité et leur expertise dans un contexte pertinent.

Engager les candidats avec des suivis personnalisés après le processus d'entretien peut laisser une impression positive durable. Les organisations peuvent envoyer des notes de remerciement ou des messages personnalisés pour exprimer leur appréciation pour le temps et les efforts du candidat. Par exemple, une organisation de soins de santé peut envoyer des messages vidéo personnalisés du responsable du recrutement ou du chef d'équipe pour exprimer sa gratitude et réitérer l'intérêt de l'organisation pour le candidat.

Recueillir les commentaires des candidats sur leur expérience de recrutement est essentiel pour améliorer et affiner en permanence les expériences personnalisées des candidats. Les organisations peuvent utiliser des sondages ou organiser des séances de rétroaction individuelles pour recueillir les idées des candidats. Cette boucle de rétroaction permet aux organisations d'identifier les domaines à améliorer et d'adapter davantage leur processus de recrutement. Par exemple, une entreprise de vente au détail peut utiliser les commentaires des candidats pour améliorer son programme d'intégration et résoudre les problèmes rencontrés par les candidats au cours du processus d'embauche.

b. Mettre en œuvre des stratégies de communication efficaces avec les candidats

Une communication efficace avec les candidats est un aspect essentiel du processus de recrutement qui a un impact significatif sur l'expérience globale d'un candidat et sa perception d'une organisation. La mise en œuvre de stratégies de communication solides avec les candidats est essentielle pour favoriser la transparence, établir des relations positives et attirer les meilleurs talents. Cette section explore l'importance de stratégies de communication efficaces avec les candidats et fournit des exemples de la façon dont les organisations peuvent améliorer leurs efforts de communication tout au long du processus d'embauche.

Une communication rapide et réactive est un élément fondamental des stratégies de communication efficaces avec les candidats. Les organisations doivent accuser réception des candidatures rapidement et fournir des délais clairs pour le processus de sélection. Par exemple, une entreprise technologique peut envoyer un e-mail automatisé aux candidats immédiatement après avoir reçu leur candidature, indiquant le délai prévu pour l'examen des candidatures et la conduite des entretiens. Des mises à jour régulières tout au long du processus d'embauche, telles que la notification aux candidats de l'état de leur candidature ou des prochaines étapes, démontrent le professionnalisme et le respect du temps des candidats.

La personnalisation de la communication avec les candidats peut considérablement améliorer l'expérience du candidat. S'adresser aux candidats par leur nom et adapter la communication à leurs intérêts et qualifications spécifiques crée une connexion plus engageante et significative. Par exemple, une entreprise hôtelière peut inclure des salutations et des messages personnalisés dans les communications par e-mail aux candidats, reflétant l'intérêt véritable de l'organisation pour chaque individu.

Une communication claire et concise garantit que les candidats ont une compréhension globale du rôle, de ses exigences et des valeurs de l'organisation. Les organisations doivent fournir des informations détaillées dans les descriptions de poste, les invitations à des entretiens et les lettres d'offre afin d'éviter tout malentendu. Par exemple, une organisation de soins de santé peut inclure des informations sur l'horaire de travail, les avantages et les opportunités de croissance dans la lettre d'offre afin de fournir une image complète du poste au candidat.

La transparence est un aspect crucial d'une communication efficace avec les candidats. Les organisations doivent être franches sur le processus de sélection, les défis potentiels et le calendrier de prise de décision. Communiquer les retards ou changements potentiels dans le processus permet aux candidats de gérer leurs attentes. Par exemple, une institution financière peut informer les candidats de tout retard imprévu dans le processus d'entrevue et fournir des délais révisés pour finaliser la décision d'embauche.

La création d'une boucle de rétroaction dans la communication avec les candidats est précieuse à la fois pour les candidats et les organisations. Fournir des commentaires constructifs aux candidats après des entretiens ou des évaluations les aide à comprendre leurs points forts et à s'améliorer, contribuant ainsi à leur croissance professionnelle. De plus, les organisations peuvent utiliser les commentaires des candidats pour affiner leur processus de recrutement et améliorer l'expérience des candidats. Par exemple, une agence de marketing peut organiser des sessions de rétroaction post-entretien avec les candidats pour partager des informations sur leurs performances et recueillir des commentaires sur le processus d'entretien.

L'utilisation de divers canaux de communication pour engager les candidats est essentielle pour des stratégies de communication efficaces avec les candidats. En plus des e-mails traditionnels, les organisations peuvent tirer parti des médias sociaux, de la messagerie instantanée ou des appels vidéo pour des interactions personnalisées. Par exemple, une entreprise de vente au détail peut utiliser WhatsApp ou la vidéoconférence pour mener des entretiens préliminaires avec des candidats dans des endroits éloignés, permettant des interactions en face à face.

Assurer une communication cohérente et précise sur tous les points de contact est essentiel pour maintenir une expérience positive pour les candidats. De l'offre d'emploi initiale à la lettre d'offre finale, les organisations doivent s'assurer que toutes les communications correspondent aux attentes du candidat et offrent une expérience cohérente. Par exemple, une start-up technologique peut effectuer un examen approfondi de tous les supports de communication pour garantir la clarté, l'exactitude et l'alignement avec l'identité de marque de l'entreprise.

Chapitre 8 : Interviewer comme un pro

a. Développer des techniques d'entretien basées sur les compétences

Les techniques d'entretien basées sur les compétences sont une approche systématique et objective pour évaluer les compétences, les comportements et les expériences d'un candidat en rapport avec les exigences du poste. Plutôt que de s'appuyer uniquement sur des scénarios hypothétiques, ces entretiens se concentrent sur la collecte d'exemples spécifiques de comportements passés pour prédire la performance potentielle d'un candidat dans le rôle. Cette section se penche sur l'importance de développer des techniques d'entretien basées sur les compétences et fournit des exemples de la manière dont les organisations peuvent mettre en œuvre efficacement cette approche dans leur processus d'embauche.

L'un des principaux avantages des techniques d'entrevue axées sur les compétences est leur capacité à évaluer les aptitudes pratiques et les expériences des candidats. En demandant aux candidats de fournir des exemples concrets de la façon dont ils ont géré des situations dans le passé, les enquêteurs obtiennent des informations précieuses sur les compétences du candidat en matière de prise de décision, de résolution de problèmes et de relations interpersonnelles. Par exemple, un poste de responsable du service client peut nécessiter des compétences en résolution de conflits. Un entretien basé sur les compétences pourrait demander au candidat de décrire une situation dans laquelle il a réussi à résoudre une plainte d'un client, démontrant sa capacité à gérer des interactions difficiles.

L'élaboration d'un guide d'entretien structuré avec des questions basées sur les compétences est essentielle pour la cohérence et l'objectivité. Les enquêteurs peuvent utiliser des questions prédéfinies pour évaluer tous les candidats sur les mêmes compétences, ce qui facilite la comparaison équitable des candidats. Par exemple, une entreprise manufacturière peut créer un guide d'entretien structuré avec des questions axées sur le travail d'équipe, l'adaptabilité et la résolution de problèmes pour évaluer les candidats à un poste de superviseur de production.

Les indicateurs comportementaux et les échelles de notation peuvent encore améliorer l'efficacité des techniques d'entretien basées sur les compétences. Les intervieweurs peuvent utiliser des indicateurs comportementaux pour évaluer dans quelle mesure un candidat a démontré des compétences spécifiques dans ses réponses. Les échelles d'évaluation peuvent aider à quantifier la performance d'un candidat sur chaque compétence, fournissant une base plus objective pour l'évaluation. Par exemple, un poste de gestion de projet peut nécessiter de solides compétences en leadership. Les enquêteurs peuvent utiliser une échelle de notation pour évaluer le niveau d'affirmation de soi, de délégation et de motivation d'équipe du candidat en fonction de ses réponses.

L'intégration de questions situationnelles dans les entrevues axées sur les compétences peut évaluer la capacité d'un candidat à appliquer ses compétences dans des scénarios hypothétiques pertinents pour le poste. Cette approche aide les enquêteurs à évaluer les capacités de résolution de problèmes et de prise de décision d'un candidat dans divers contextes. Par exemple, un poste de directeur des ressources humaines peut nécessiter des compétences en résolution de conflits. Une question situationnelle pourrait demander au candidat comment il gérerait un scénario où deux employés ont un désaccord.

La formation des enquêteurs aux techniques basées sur les compétences est cruciale pour la réussite de la mise en œuvre de cette approche. Les intervieweurs doivent comprendre les compétences évaluées, les types de questions à poser et comment interpréter avec précision les réponses des candidats. Les organisations peuvent organiser des ateliers de formation des intervieweurs et fournir des ressources pour assurer la cohérence et l'expertise des intervieweurs. Par exemple, une entreprise technologique peut proposer des modules de formation en ligne sur la conduite d'entretiens basés sur les compétences pour son équipe de recrutement.

De plus, l'utilisation d'un format d'entretien avec un panel peut améliorer le processus d'évaluation dans les entretiens basés sur les compétences. L'implication de plusieurs intervieweurs de différents départements ou niveaux au sein de l'organisation permet d'avoir des perspectives diverses sur les compétences du candidat. Cette approche collaborative garantit une évaluation complète et minimise les biais. Par exemple, une agence de marketing peut mener un entretien avec un panel pour un poste de responsable marketing, impliquant des représentants du marketing, des ventes et de la haute direction pour évaluer la réflexion stratégique et les compétences en leadership du candidat.

Enfin, fournir aux candidats des attentes claires concernant le processus d'entretien basé sur les compétences leur permet de se préparer efficacement. Les organisations peuvent partager des informations sur les compétences évaluées et les types de questions auxquelles les candidats peuvent s'attendre. Cette transparence favorise une expérience positive des candidats et reflète l'engagement de l'organisation envers une évaluation juste et objective. Par exemple, un établissement d'enseignement peut fournir aux candidats un document décrivant les compétences de base sur lesquelles ils seront évalués lors de l'entrevue pour un poste d'enseignant.

b. Mener des entretiens avec un panel pour des évaluations complètes

Les entretiens avec panel, également connus sous le nom d'entretiens de groupe, sont une approche d'évaluation puissante et complète utilisée dans le processus d'embauche. Dans les entretiens avec un panel, plusieurs enquêteurs, souvent de différents départements ou niveaux au sein de l'organisation, participent à l'évaluation d'un candidat. Cette approche collaborative offre diverses perspectives sur les aptitudes, les compétences et l'adéquation culturelle du candidat, offrant une évaluation plus complète. Cette section explore l'importance de mener des entretiens avec un panel pour des évaluations complètes et fournit des exemples de la manière dont les organisations peuvent mettre en œuvre efficacement cette approche dans leur processus d'embauche.

Chaque intervieweur apporte une perspective unique basée sur son domaine d'intérêt et son expertise au sein de l'organisation. Par exemple, un entretien avec un panel pour un rôle de développeur de logiciels peut inclure des représentants de l'équipe de développement, de la gestion de projet et des RH. L'équipe de développement peut évaluer les compétences techniques, le chef de projet peut évaluer la collaboration de l'équipe et la résolution de problèmes, et les RH peuvent se concentrer sur l'adéquation culturelle et l'alignement avec les valeurs de l'entreprise.

Lors d'un entretien avec un panel, les enquêteurs peuvent s'appuyer sur les questions et les réponses des uns et des autres, ce qui conduit à des discussions plus approfondies et approfondies avec le candidat. Cet échange dynamique permet une évaluation complète des capacités et du potentiel du candidat à contribuer à l'organisation. Par exemple, un entretien avec un panel pour un poste de responsable marketing peut impliquer des intervieweurs discutant de l'approche marketing stratégique du candidat et posant des questions de suivi pour approfondir ses campagnes marketing passées.

La présence de plusieurs enquêteurs lors d'un entretien avec panel peut également atténuer les préjugés individuels. Différents enquêteurs peuvent percevoir différemment les réponses et les comportements des candidats, ce qui réduit le risque de prendre des décisions d'embauche basées uniquement sur le point de vue d'un individu. Par exemple, lors d'un entretien avec un jury pour un rôle de représentant commercial, un intervieweur peut se concentrer sur les compétences de communication du candidat, tandis qu'un autre peut se concentrer sur ses techniques de vente, fournissant une évaluation plus équilibrée.

Les entretiens avec un panel offrent aux candidats la possibilité d'interagir avec les principales parties prenantes au sein de l'organisation. Cette interaction offre aux candidats un aperçu de la culture, de l'environnement de travail et des valeurs de l'entreprise. Par exemple, un entretien avec un panel pour un poste de direction peut inclure le PDG, le directeur de l'exploitation et les membres du conseil d'administration, permettant aux candidats de comprendre la dynamique de leadership et la vision stratégique de l'organisation.

Les entretiens avec un panel peuvent être particulièrement utiles pour évaluer l'adéquation d'un candidat au sein d'une équipe ou d'un département. La collaboration entre les enquêteurs reflète l'accent mis par l'organisation sur le travail d'équipe et la collaboration, donnant aux candidats un aperçu de la dynamique d'équipe qu'ils pourraient rejoindre. Par exemple, un entretien avec un panel pour un poste de chef de projet peut inclure les membres potentiels de l'équipe du candidat, ce qui favorise un sentiment de camaraderie et de cohésion.

La conduite efficace d'entretiens avec un panel nécessite une planification et une coordination minutieuses entre les enquêteurs. Les organisations doivent établir des rôles clairs pour chaque enquêteur et définir des attentes pour les critères d'évaluation. Cette préparation garantit un processus d'évaluation ciblé et organisé. Par exemple, un entretien avec un panel pour un poste d'assistant administratif peut impliquer le responsable du recrutement évaluant les compétences administratives, un représentant des RH évaluant l'adéquation organisationnelle et un membre de l'équipe évaluant les compétences interpersonnelles.

En outre, les entretiens avec un panel doivent laisser suffisamment de temps à chaque enquêteur pour poser des questions et fournir des informations. Une bonne gestion du temps garantit que tous les aspects pertinents des qualifications et de l'expérience du candidat sont couverts lors de l'évaluation. Par exemple, lors d'un entretien avec un panel pour un rôle de représentant du service client, chaque intervieweur peut disposer de 15 minutes pour évaluer les compétences en communication, les capacités de résolution de problèmes et l'approche centrée sur le client du candidat.

Chapitre 9 : Faire la bonne offre

a. Concevoir des packages de rémunération compétitifs

L'élaboration de programmes de rémunération compétitifs est un élément crucial pour attirer et retenir les meilleurs talents sur le marché du travail concurrentiel d'aujourd'hui. Un programme de rémunération bien conçu va au-delà du salaire de base et comprend une combinaison d'avantages monétaires et non monétaires qui correspondent aux qualifications et aux attentes du candidat. Cette section explore l'importance d'élaborer des packages de rémunération compétitifs et fournit des exemples de stratégies que les organisations peuvent mettre en œuvre pour concevoir des offres attrayantes et attrayantes pour les candidats potentiels.

L'une des principales considérations dans l'élaboration de programmes de rémunération compétitifs est la réalisation d'études de marché approfondies. Comprendre les repères salariaux pour des rôles et des industries spécifiques permet aux organisations de positionner leurs programmes de rémunération de manière compétitive. Par exemple, une entreprise technologique à la recherche d'ingénieurs en logiciel peut rechercher des enquêtes sur les salaires et des rapports de l'industrie pour s'assurer que ses offres sont conformes aux normes du marché et attireront les meilleurs talents.

Un programme de rémunération doit être adapté aux qualifications et à l'expérience de chaque candidat. Les organisations doivent tenir compte de l'expertise du candidat, de ses années d'expérience et de ses compétences uniques lors de la formulation de l'offre. Par exemple, une agence de marketing cherchant à embaucher un directeur marketing senior possédant une vaste expérience de l'industrie peut offrir un salaire de base plus élevé et des primes supplémentaires basées sur les performances par rapport à un candidat moins expérimenté.

Les avantages non monétaires jouent un rôle crucial dans l'élaboration de régimes de rémunération compétitifs. Ces avantages peuvent inclure une assurance maladie, des régimes de retraite, des congés payés, des horaires de travail flexibles, des options de travail à distance et des opportunités de développement professionnel. Offrir une gamme complète d'avantages non monétaires améliore l'attrait général du package et peut différencier une organisation en tant qu'employeur de choix. Par exemple, une institution financière peut offrir un solide régime d'épargne-retraite et de généreux congés payés pour attirer des professionnels de la finance expérimentés.

Fournir une ventilation claire et transparente de la rémunération globale est essentiel pour que les candidats puissent prendre des décisions éclairées. Communiquer clairement le salaire de base, les primes de performance, les avantages et tout autre avantage dans la lettre d'offre garantit que les candidats comprennent la pleine valeur du package. Par exemple, une entreprise manufacturière peut fournir une ventilation détaillée de la rémunération globale, y compris des informations sur la couverture des soins de santé, les options d'achat d'actions et les incitations basées sur la performance.

La flexibilité des packages de rémunération peut être avantageuse, en particulier pour attirer des candidats avec des priorités différentes. Les organisations peuvent offrir aux candidats la possibilité de personnaliser leur ensemble d'avantages en fonction de leurs besoins individuels. Par exemple, une start-up technologique peut permettre aux candidats de choisir entre un salaire de base plus élevé ou des capitaux propres supplémentaires dans l'entreprise, offrant une approche personnalisée de la rémunération.

L'analyse comparative des packages de rémunération par rapport aux concurrents est un processus continu. Les organisations doivent régulièrement revoir et mettre à jour leurs stratégies de rémunération pour rester compétitives sur le marché. Les changements dans les tendances de l'industrie, les conditions économiques et la dynamique du marché du travail peuvent nécessiter des ajustements aux régimes de rémunération. Par exemple, une entreprise de vente au détail peut procéder à des examens annuels de ses programmes de rémunération pour s'assurer qu'elle reste compétitive en attirant les meilleurs talents au sein de l'industrie de la vente au détail.

Enfin, les organisations peuvent proposer des incitations basées sur la performance pour motiver et récompenser les employés les plus performants. Les primes de performance, la participation aux bénéfices ou les structures basées sur des commissions peuvent aligner les efforts des employés sur le succès de l'organisation et stimuler l'engagement des employés. Par exemple, une organisation axée sur les ventes peut mettre en place une structure de rémunération basée sur des commissions pour son équipe de vente afin d'encourager des performances exceptionnelles et la réalisation des objectifs de vente.

b. Négocier avec les meilleurs talents : choses à faire et à ne pas faire

Négocier avec les meilleurs talents est une compétence essentielle pour les organisations qui souhaitent recruter les candidats les plus qualifiés sur un marché du travail concurrentiel. Le processus de négociation consiste à discuter de la rémunération, des avantages et des autres conditions d'emploi avec des employés potentiels. Une négociation efficace peut conduire à des accords mutuellement bénéfiques, tandis que de mauvaises pratiques de négociation peuvent dissuader les meilleurs talents d'accepter une offre. Cette section explore les choses à faire et à ne pas faire pour négocier avec les meilleurs talents, en fournissant des exemples et des stratégies pour des résultats fructueux.

L'une des tâches clés dans la négociation avec les meilleurs talents consiste à mener des recherches approfondies sur les qualifications du candidat, les normes de l'industrie et les tendances du marché. Comprendre l'expertise et les contributions du candidat permet aux organisations d'adapter leurs offres en conséquence. Par exemple, une entreprise technologique à la recherche d'un data scientist très recherché devrait rechercher les réalisations antérieures du candidat et ses contributions dans le domaine pour développer une offre qui reflète sa valeur.

Un autre aspect important est de rester flexible et ouvert à la négociation. Les meilleurs talents reçoivent souvent plusieurs offres d'emploi, et la flexibilité de la rémunération et des avantages peut rendre l'offre d'une organisation plus attrayante. Les employeurs doivent être prêts à négocier et à envisager d'autres moyens de répondre aux besoins du candidat. Par exemple, si un candidat demande des jours de vacances supplémentaires, une organisation pourrait offrir un horaire de travail flexible pour répondre à ses besoins.

Il est essentiel de bâtir la confiance et les relations pendant le processus de négociation. Les employeurs doivent être transparents sur les valeurs de l'organisation, les opportunités de croissance et l'engagement envers le développement des employés. Partager une vision claire du rôle du candidat au sein de l'organisation favorise un sens du but et s'aligne sur les aspirations professionnelles du candidat.

Par exemple, un établissement de santé peut souligner l'engagement de l'organisation envers les soins aux patients et la formation continue des professionnels de la santé lors de négociations avec un médecin hautement qualifié.

L'une des choses à ne pas faire dans la négociation avec les meilleurs talents consiste à faire des offres basses qui sous-évaluent les compétences et l'expérience du candidat. Offrir une rémunération nettement inférieure à la valeur marchande du candidat peut entraîner de la frustration et peut conduire le candidat à rejeter purement et simplement l'offre. Au lieu de cela, les organisations devraient présenter une offre juste et compétitive qui reflète les qualifications et les contributions du candidat. Par exemple, une agence de marketing devrait éviter d'offrir des salaires de débutant à des spécialistes du marketing expérimentés et proposer une rémunération globale correspondant à l'expertise du candidat.

Éviter les négociations prolongées est une autre chose à ne pas faire dans le processus. Des négociations prolongées peuvent créer de l'incertitude et de la frustration pour les deux parties, entraînant une expérience négative pour le candidat. Les employeurs doivent s'efforcer de répondre rapidement aux demandes des candidats et de parvenir à une offre mutuellement acceptable dans un délai raisonnable. Par exemple, une société financière devrait accélérer le processus de négociation lors de l'embauche pour des postes critiques afin de recruter rapidement les meilleurs talents.

Négocier avec les meilleurs talents, c'est aussi éviter de faire des promesses qui ne pourront être tenues. Les organisations doivent être réalistes quant aux opportunités de croissance, à l'équilibre travail-vie personnelle et à l'avancement professionnel au sein de l'entreprise. Faire de fausses promesses peut mener à la déception et miner la crédibilité de l'employeur. Par exemple, une start-up doit être honnête sur les défis et les risques potentiels associés à l'adhésion à une entreprise en pleine croissance lors des négociations avec un futur dirigeant.

Enfin, éviter un style de négociation conflictuel est crucial. Les négociations doivent être menées avec une approche collaborative et respectueuse, en valorisant les commentaires et les préoccupations du candidat. Les employeurs doivent écouter activement les besoins du candidat et être disposés à trouver un terrain d'entente. Par exemple, une entreprise manufacturière devrait engager un dialogue constructif avec le candidat, chercher à comprendre ses priorités et travailler à une résolution gagnant-gagnant.

c. Sceller l'affaire : l'art de la persuasion dans l'acceptation de l'offre

L'art de la persuasion joue un rôle central dans la sécurisation des offres des meilleurs talents lors des dernières étapes du processus d'embauche. Une fois qu'une organisation a identifié un candidat hautement qualifié, la phase d'acceptation de l'offre nécessite des techniques de persuasion efficaces pour répondre aux doutes ou préoccupations restants que le candidat pourrait avoir. Cette section explore l'importance de l'art de la persuasion dans l'acceptation des offres et fournit des exemples de stratégies que les organisations peuvent utiliser pour augmenter la probabilité que les meilleurs talents acceptent leurs offres.

L'un des aspects clés de la persuasion est de comprendre les motivations et les priorités du candidat. En écoutant activement les besoins et les aspirations du candidat, les employeurs peuvent adapter leurs efforts de persuasion pour répondre à des préoccupations et préférences spécifiques. Par exemple, si un candidat exprime un fort désir d'équilibre travail-vie personnelle, une organisation peut mettre en évidence ses modalités de travail flexibles et ses programmes de bien-être des employés lors des discussions d'acceptation de l'offre.

Fournir un récit convaincant sur les valeurs, la culture et les perspectives d'avenir de l'organisation est essentiel dans l'art de la persuasion. Les candidats sont plus susceptibles d'accepter une offre s'ils ressentent un lien fort avec la vision et la mission de l'organisation. Les employeurs doivent communiquer les objectifs à long terme de l'organisation et la façon dont le rôle du candidat s'aligne sur ces objectifs. Par exemple, une entreprise d'énergie renouvelable peut souligner son engagement envers la durabilité et l'impact potentiel du candidat sur la promotion de solutions d'énergie propre.

Mettre en évidence les opportunités de croissance et de développement professionnels peut être un facteur de persuasion pour les meilleurs talents. Les employeurs peuvent mettre l'accent sur l'engagement de l'organisation envers l'apprentissage et l'avancement professionnel des employés. Par exemple, une start-up technologique peut présenter ses programmes de mentorat et ses opportunités de formation continue pour persuader un candidat de rejoindre l'organisation.

Une autre stratégie convaincante consiste à mettre en valeur les expériences positives des employés actuels. Le partage de témoignages et d'histoires de réussite des membres de l'équipe peut démontrer l'environnement de travail positif de l'organisation et la satisfaction des employés. Par exemple, une agence de marketing peut fournir au candidat des témoignages de spécialistes du marketing actuels, partageant leurs parcours de croissance au sein de l'entreprise.

Offrir une rémunération compétitive est un facteur de persuasion dans le processus d'acceptation de l'offre. Les employeurs doivent s'assurer que leur programme de rémunération correspond à la valeur marchande et au niveau d'expérience du candidat. De plus, ils peuvent mettre en évidence tous les avantages ou avantages uniques qui distinguent l'organisation de ses concurrents. Par exemple, une institution financière peut proposer une structure de bonus basée sur la performance et des options sur actions pour attirer les meilleurs professionnels de la finance.

Créer un sentiment d'urgence peut également être une technique persuasive pour inciter un candidat à accepter une offre. Tout en maintenant la transparence, les employeurs peuvent communiquer l'enthousiasme de l'organisation à ce que le candidat se joigne à l'équipe et indiquer tout facteur urgent lié au poste. Par exemple, une organisation de soins de santé peut communiquer le besoin urgent de remplir un rôle de soins de santé essentiel en raison de la demande croissante des patients.

Cultiver une relation positive et professionnelle avec le candidat tout au long du processus d'embauche est crucial pour une persuasion efficace. En démontrant un intérêt et un respect sincères pour les contributions et les idées du candidat, les employeurs peuvent favoriser un sentiment de confiance et de compréhension mutuelle. Par exemple, une entreprise hôtelière peut assurer une communication rapide et claire avec le candidat, reflétant un engagement de transparence et de respect.

CONCLUSION

En conclusion, ce livre offre une exploration complète et perspicace de l'art et de la science de l'acquisition de talents. Tout au long de ce livre, nous avons approfondi les aspects critiques de l'identification, de l'attraction et de la rétention des meilleurs talents sur le marché du travail concurrentiel d'aujourd'hui. De la compréhension de l'importance du recrutement des meilleurs talents à la mise en œuvre de stratégies de communication efficaces avec les candidats, en passant par l'exploitation des médias sociaux pour la promotion de la marque employeur et l'élaboration de propositions de valeur employeur convaincantes, chaque chapitre a offert des informations précieuses et des stratégies pratiques pour les organisations cherchant à constituer des équipes hautement performantes.

Le livre souligne l'importance d'adopter une approche stratégique et holistique de l'acquisition de talents, en tenant compte des capacités et des préférences uniques de chaque candidat tout en alignant leurs forces avec les besoins de l'organisation. Nous avons exploré l'importance de construire une marque employeur qui résonne avec les meilleurs talents, de créer une culture de travail attrayante et solidaire et d'offrir des opportunités de croissance et de développement.

Au fil des chapitres, nous avons mis l'accent sur la valeur de la personnalisation et de la transparence dans le processus de recrutement. En tirant parti des témoignages et des réussites des employés, en menant des entretiens basés sur les compétences et en concevant des descriptions de poste efficaces, les organisations peuvent établir des interactions authentiques et engageantes avec les candidats, conduisant à des expériences positives pour les candidats et à une meilleure image de marque de l'employeur.

De plus, ce livre souligne l'importance de rester adaptable et au courant des tendances de l'industrie. La réalisation d'études de marché, l'analyse comparative des packages de rémunération et l'utilisation de technologies de recrutement innovantes sont essentielles pour que les organisations restent compétitives et attirent les meilleurs talents.

Alors que le marché du travail continue d'évoluer, les organisations doivent continuellement faire évoluer leurs stratégies de recrutement. En adoptant les principes et les techniques décrits dans ce livre, ils peuvent se positionner comme des employeurs de choix, attirant les meilleurs talents qui correspondent à leurs valeurs et contribuent à leur succès à long terme.

Dans le but de recruter les meilleurs, les organisations doivent reconnaître que l'acquisition de talents ne consiste pas uniquement à pourvoir des postes, mais à favoriser une relation symbiotique entre l'organisation et ses employés. C'est un voyage de croissance et de développement mutuels, où les deux parties bénéficient de la collaboration.

Alors que nous concluons ce livre, nous espérons que les connaissances et les idées partagées dans ses pages serviront de guide précieux pour les organisations qui s'efforcent de constituer une main-d'œuvre talentueuse et engagée. En investissant dans des stratégies de recrutement efficaces, les organisations peuvent cultiver un environnement prospère et dynamique qui les pousse à atteindre leurs objectifs et leurs aspirations.

Puisse ce livre permettre aux organisations d'attirer et de retenir les meilleurs talents, en déclenchant un effet d'entraînement positif qui stimule l'innovation, la productivité et l'excellence dans le paysage en constante évolution du monde professionnel. Voici un avenir où les talents exceptionnels trouveront leurs foyers professionnels idéaux et où les organisations prospéreront grâce aux efforts collectifs de leurs équipes extraordinaires.